DIESES BUCH GEHÖRT:

MEIN TRAUMVEREIN:

Oetinger

© Nadine Rupp

Thomas Müller wurde 1989 in Weilheim geboren und spielt seit dem Jahr 2000 beim FC Bayern München, mit dem er Champions-League-Sieger und mehrmals Deutscher Meister und Pokalsieger geworden ist. 2014 hat er mit der deutschen Nationalmannschaft die Fußball-Weltmeisterschaft in Brasilien gewonnen. 2018 ist sein erstes Kinderbuch im Verlag Friedrich Oetinger erschienen.

© Privat

Julien Wolff, 1983 in Hamburg geboren, arbeitet als Sportjournalist für die Zeitungen „Die Welt“ und „Die Welt am Sonntag“ und berichtet über den FC Bayern und die Nationalmannschaft. Er lebt in München.

© Privat

Jan Birck, 1963 in München geboren, arbeitete nach dem Fachabitur in Gestaltung und einem kurzen Ausflug in die Architektur als Werbeillustrator, Zeichner, Background-Artist und Art Director in der Trickfilmbranche. Er hat zahlreiche Kinderbuch-Bestseller illustriert und geschrieben und lebt mit seiner Familie in München.

© Privat

Michael Vogt wurde 1966 in Berlin geboren und zeichnet, seit er einen Stift halten kann. Er entwickelt Comics, illustriert Kinderbücher und entwirft Plakate, Grafiken und vieles mehr für Werbeagenturen und Direktkunden.

Thomas Müller

MEINE FUßBALL-GESCHICHTEN

In Zusammenarbeit mit Julien Wolff

Mit Bildern von Jan Birck
und Michael Vogt

Verlag Friedrich Oetinger · Hamburg

INHALT

VORWORT

Hallo, Leute!
Ich bin's, euer Thomas.
In diesem Buch
möchte ich euch drei
spannende Geschichten erzählen.

Wisst ihr, wie ich es
zu meinem Traumverein
geschafft habe?
Nach München.
Damals war ich zehn Jahre alt.
Total aufregend war das!

In der zweiten Geschichte erfahrt ihr,
wie es danach weiterging.

Ich wollte in die Startelf!
Dafür musste ich mich gegen
sehr gute Spieler durchsetzen.

In der letzten Geschichte
berichte ich euch vom Weg
zu meiner ersten Meisterschaft.

Als Fußballer habe ich
schon viel erlebt.
Ich bin Deutscher Meister
und Pokalsieger geworden.

Ich habe mit meinem Verein
die Champions League gewonnen.
Und mit Deutschland
die Weltmeisterschaft.

Doch ich werde nie vergessen,
wie alles angefangen hat.
Ganz hinten findet ihr auch
tolle Tipps für euer Fußball-Abenteuer!

Ich wünsche euch ganz viel Spaß
beim Lesen.
Alles Gute! Und bleibt sportlich!

Euer

MEIN WEG ZUM TRAUMVEREIN

1. Das Super-Turnier

Ich lege mir den Ball vor
und laufe, so schnell ich kann.
Der Rasen ist total nass und glitschig.
Nur noch ein paar Meter bis zum Tor.

Achtung jetzt!
Ein Verteidiger grätscht mir entgegen.
Ich springe über sein Bein
und nehme den Kopf hoch.
Rechts oben!
Da muss der Ball hin.

Ich lege meine ganze Kraft
in den Schuss und ziehe ab.
Wuuuums!

Der Torwart hat keine Chance.
Der Ball zappelt im Netz.
1:0 für uns, den TSV Pähl!
Wir führen im Finale
des Bezirks-Turniers!

Keiner hat uns zugetraut,
überhaupt ins Endspiel zu kommen.
Und jetzt liegen wir vorn.

Aber unser Gegner hat
noch längst nicht aufgegeben.
Wütend rennt er an
und drängt auf den Ausgleich.

„Nicht nachlassen!
Wir müssen jetzt alle
der Abwehr helfen“,
rufe ich den anderen Jungs
aus meiner Mannschaft zu.
Und laufe aus dem Mittelfeld
mit nach hinten.

Wir verteidigen gut.
„Super, so schaffen wir es!“, rufe ich.
Ich laufe wieder weiter vor
und lauere am Strafraum
auf meine nächste Chance.

Doch kurz vor Schluss
verlieren wir den Ball.
Und der Stürmer der Gegner
läuft frei auf unser Tor zu!

Nein! Das darf doch
nicht wahr sein, denke ich.
Der Junge schießt – und trifft
nur den Pfosten.
Puh! Glück gehabt!

Jetzt pfeif endlich ab!,
möchte ich dem Schiedsrichter
am liebsten zurufen.
Dann ist es endlich so weit.
Das Spiel ist aus!

Alle Jungs aus meiner Mannschaft
laufen jubelnd zu mir
und begraben mich unter sich.

Wir haben es gepackt!
Wir haben die Sensation geschafft.
Wir haben mit unserem kleinen Verein
das Bezirks-Turnier gewonnen.

Wahnsinn!

Jetzt dürfen wir
am nächsten Wochenende
bei einem noch größeren Turnier
mitspielen.
Da sind die ganz bekannten
Klubs dabei.
Und wir: der kleine TSV Pähl.
Was für eine irre Geschichte!

2. Die große Chance

Am Abend sitzen wir zu Hause
beim Essen am Küchentisch.
Meine Mama Klaudia,
mein Papa Gerhard,
mein kleiner Bruder Simon
und ich.

Plötzlich legt Mama
mir die Hand auf die Schulter.
„Thomas, ein Talent-Späher aus
München hat dich
heute spielen sehen."

Mama erzählt, dass der Mann
beim Turnier direkt neben ihr saß.
„Er hat mir gesagt, dass er dich
zum Probe-Training einladen möchte,
wenn du weiterhin
so gut spielst wie heute."

Ein Probe-Training
bei meinem Traumklub aus München!
Die Profi-Mannschaft von denen
ist die beste in ganz Deutschland.
Das ist der Hammer!

Seit Jahren schlafe ich
in der Bettwäsche des Vereins.
In der Schule trage ich
sein rot-weißes Trikot.
Das haben mir Mama und Papa
zum Geburtstag geschenkt.

Auch meine Freunde und Verwandten
sind riesige Fans der Mannschaft.

Ich springe vom Stuhl auf.
Mein Butterbrot werfe ich dabei
vor Freude durch die Luft.
„Denen werde ich es zeigen
beim Probe-Training!“, rufe ich.

Am liebsten würde ich
gleich morgen früh dort vorspielen.
In der letzten Saison habe ich 90 Tore
für meinen TSV Pähl geschossen.

Aber ich weiß: Jetzt muss ich mich
noch mehr anstrengen.

3. Der Talent-Späher

Bei dem großen Turnier
eine Woche später
spielen nur die besten Mannschaften.
Die Tribünen sind voller Menschen.

Sogar Reporter und Fotografen
sind da.
Das Turnier kennen bei uns
alle Kinder.
Und alle wollen dort mal spielen.

Die ersten Spiele gewinnen wir.
Vor dem Viertelfinale
zeigt Mama mir den Talent-Späher.

Er steht neben dem Spielfeld
und hält ein Notizbuch
und einen Stift in den Händen.

Im Spiel sehe ich, wie er mich ganz genau beobachtet. Ich konzentriere mich noch mehr als sonst. Der Talent-Späher soll den besten Thomas aller Zeiten sehen!

Ich grätsche.
Ich passe.
Ich schieße.

Auch meine Mitspieler geben alles.
Trotzdem liegen wir
zur Halbzeit 0:1 hinten.

Und nach dem Seitenwechsel
wird es noch schlimmer.
Am Ende verlieren wir 0:3
und fliegen raus.

Enttäuscht sitzen wir
nach dem Spiel
in der Kabine.

Die andere Mannschaft
war einfach besser.
Leider.

„Jungs, Niederlagen gehören zum Fußball“, sagt unser Trainer.

Stimmt! Wir haben es mit dem kleinen TSV Pähl bis hierhin geschafft. Das ist doch super!

„Wir können stolz sein“,
sage ich deshalb
zu meinen Mitspielern.

Die anderen Jungs nicken.
Und ein paar können
schon wieder lachen.

Aber ich bin nicht nur stolz,
ich habe auch Angst.
Angst, dass der Talent-Späher
mich jetzt nicht
zum Probe-Training einlädt.
Weil wir verloren haben.

Deswegen bin ich
auf der Rückfahrt im Auto
erst mal ganz still.

Mama spürt, dass ich Angst habe.
Sie lächelt mich an.
„Der Talent-Späher hat mir
eben gesagt,
dass du wieder gut gespielt hast.
Das Ergebnis ist ihm nicht so wichtig.
Nächste Woche sollst du
zum Probe-Training kommen!“

Ich bin total erleichtert
und drücke Mama vor Freude
einen Kuss auf
die Wange.

4. Das Probe-Training

Eine Woche später
fahren Mama und ich
mit dem Zug nach München.
Nach einer Stunde
sind wir endlich da.

Das Klub-Gebäude ist
noch riesiger als unsere Schule.
Die Kabine hier ist viel größer
als die zu Hause in Pähl.

An die Wände ist
das Klub-Logo gemalt.
Und alles ist total sauber.

Der Platzwart hat
den Trainings-Platz perfekt gemäht.
Maulwürfe gibt es hier wohl nicht.

Und gleich nebenan
ist der Trainings-Platz der Profis.
Hoffentlich sehe ich bald mal
die Stars!

Im Probe-Training
sollen wir uns die Bälle
ganz genau zuspielen.

Ich bin nervös.
Genau wie einige
der anderen Kinder.

Manche sind aber auch
total ballsicher
und machen kaum Fehler.
Die sind wohl schon
länger hier im Verein.

Am Anfang spiele ich leider gleich einen Fehlpass und schieße aus zehn Metern neben das Tor.

Mann, was ist bloß mit mir los?!

Doch ein paar Minuten später
bin ich schon besser drauf.
Ich habe mich an
das schnellere Tempo gewöhnt.

Beim TSV Pähl
bin ich der beste Stürmer.
Aber hier sind alle Spieler Top-Talente.

Die Verteidiger sind total stark.
Gegen ihre Beine sind meine
so dünn wie Zahnstocher.
Aber das ist okay.
Denn wo keine Muskeln sind,
kannst du dir auch nicht wehtun.

Trotzdem kann ich mich hier nicht
so einfach durchdribbeln wie in Pähl.
Dafür bin ich etwas größer
als die anderen.
Das versuche ich auszunutzen
und den Ball oft zu köpfen.

Am Ende des Trainings passe ich einem unserer Mittelfeld-Spieler den Ball perfekt in den Lauf.
Er netzt eiskalt ein.

Danach beendet der Trainer das Training mit einem Pfiff.

In meinem Kopf
geht alles durcheinander.
Nehmen die mich?
Bin ich im Team?
Manche Dinge sind mir
gut gelungen, andere nicht.
Als ich in die Kabine gehe,
bin ich total unsicher.

5. Ein Traum wird wahr

Nach dem Training
holt mein Papa mich ab.
Er arbeitet hier in der Stadt
und kommt mit dem Motorrad.
Er trägt eine schwarze Hose
und eine schwarze Lederjacke.

„Guckt mal,
der Schornsteinfeger kommt!“,
rufen meine Mitspieler
und winken ihm zu.
Wir lachen.
Jetzt hat Papa wohl
einen neuen Spitznamen.

Auch andere Eltern holen
ihre Kinder ab.
Heute haben zehn Jungs
das Probe-Training gemacht.

Der Trainer ruft alle zusammen.
Vorhin hat er uns erklärt,
dass er uns nach dem Training sagt,
wer im Verein bleiben darf.

Bitte!, denke ich. Bitte nehmt mich,
ich will unbedingt für euch spielen!
Meine Hände zittern,
so gespannt und aufgeregt bin ich.

Die Sekunden kommen mir vor
wie Stunden.
Das ist der aufregendste Tag
in meinem Leben!

Dann geht es endlich los.
Der Trainer kommt auf Papa
und mich zu.
„Thomas, du hast klasse trainiert“,
sagt er.
Und?, denke ich.
Was kommt jetzt?
Habe ich gut trainiert,
aber es hat trotzdem nicht gereicht?

Dann sagt der Trainer
die alles entscheidenden Worte:
„Wir wollen dich haben."

Ich kann es kaum fassen.
Mein Traum ist
tatsächlich wahr geworden!
Sie wollen mich!
Den Thomas aus Pähl!

Ich bin so glücklich wie noch nie
und nehme mir eines ganz fest vor:
Ich werde hier in München
alles geben!

ENDE

MEIN WEG IN DIE STARTELF

1. Der neue Verein

Ich kann es immer
noch nicht fassen.
Mein Traumklub aus München
will mich wirklich haben.
Mich.
Den Thomas aus Pähl.

Mama und Papa reden zu Hause
viel über das Angebot des Vereins.
„Die Schule ist das Wichtigste.
Und das soll auch so bleiben“,
sagt Papa mir.

Nach ein paar Tagen
erlauben sie mir aber,
zu meinem Traumverein
zu wechseln.
Ich strahle und umarme sie.
Und muss ihnen versprechen,
weiterhin immer
meine Hausaufgaben
zu machen.
Nach der Schule kann ich jetzt
nur noch kurz nach Hause.
Schnell Mittag essen und dann
gleich weiter nach München.
Zum Training.

Meine Freunde aus der Schule
sehe ich jetzt kaum noch.

Die Hausaufgaben
mache ich im Zug.
Manchmal schlafe ich
auch kurz ein.
Aber für das Training
bin ich natürlich wieder hellwach.

2. Aller Anfang ist schwer

Die Spieler im neuen Verein
sind echt richtig gut!
Einige von ihnen
kenne ich von Turnieren.

In diesem Sommer
hat mein neuer Verein
die besten Spieler
aus Bayern geholt.

Im Training geht es jetzt
richtig zur Sache.

Es ist viel anstrengender
als bei meinem alten Klub.
In Pähl war ich der beste Stürmer.
Doch hier klebt den anderen
der Ball noch mehr
am Fuß als mir.

Im abschließenden Trainingsspiel
köpfe ich viel.
Auch ein Tor.
Kurz vor Schluss muss ich
eigentlich noch eins machen.
Doch obwohl ich frei stehe,
schieße ich über die Latte.

„Macht nichts, Thomas!
Das passiert doch jedem mal!“,
ruft mir unser Torwart Martin zu.
Er ist echt nett
und mein bester Freund
in der Mannschaft.

3. Auf der Ersatzbank

Vor unserem ersten Spiel
ruft unser Trainer uns
in der Kabine zusammen.

Er geht die Aufstellung durch.
Mein Name ist nicht dabei.
Ich bin also erst mal nur draußen.
Ersatzspieler.
Das finde ich richtig blöd!

Die Auswechselbank
ist hart und kalt.
Ich sitze im roten
Trainingsanzug da
und beiße mir auf die Lippe.
Weil ich so wütend bin.

Wir gewinnen 3:0.
Ich bin nicht sauer auf die Jungs
aus meiner Mannschaft,
die spielen dürfen.
Ich ärgere mich über mich selbst.
Ich hätte einfach besser
trainieren müssen.

Am Ende der Saison
wird unser Trainer
zwei Spieler aussortieren.
So läuft das
in den großen Vereinen.
Das habe ich mitbekommen.
Ich habe Angst,
dass ich nach der Saison
wegmuss.
Bin ich wirklich gut genug
für meinen Traumverein?

Nach dem Spiel
gehe ich mit den anderen Jungs
Richtung Kabine.

Martin sieht mir an,
dass ich schlecht drauf bin.
„Gib nicht auf, Thomas!
Du bist ein super Spieler.
Deine Chance wird kommen.
Ganz sicher“, sagt er.

4. Trainieren bis zum Umfallen

Vor dem Training
am nächsten Tag
nehme ich mir etwas vor.
Ich will heute
besonders genaue Pässe spielen.
Und mutig sein.

Auch mal selbst
auf das Tor schießen.
Auch mal dribbeln,
wenn Platz da ist.
Wie früher bei unserem
kleinen Verein in Pähl.
Und es klappt!
Ich trainiere richtig gut
und bin danach so kaputt,
dass ich kaum noch laufen kann.

Trotzdem bleibe ich
nach dem Training
noch einige Minuten draußen.
Martin auch.
Er ist ein klasse Torwart.

Wir üben Elfmeterschießen.
Ich will einfach
unbedingt besser werden!

Am Wochenende haben wir
unser nächstes Spiel.
Wird unser Trainer mich
dieses Mal spielen lassen?

Am Abend trainiere ich
zu Hause weiter.
Obwohl ich so erledigt bin.

Gegen meinen Bruder Simon
spiele ich im Keller
Eins-gegen-Eins.
Mit einem Schaumstoffball.
Weil Mama Angst hat,
dass wir mit einem Lederball
alles kaputt schießen würden.
Da hat sie wahrscheinlich recht!

Ich ziehe immer nur mit links ab.
Obwohl ich Rechtsfuß bin.
Ich mache das,
damit mein linker Fuß stärker wird.
Simon und ich liefern uns
ein packendes Spiel.

Danach falle ich todmüde ins Bett.
Nachts habe ich einen Traum:
Unser Trainer wechselt mich ein –
und ich schieße das Siegtor!

5. Geht der rein?

„Hoffentlich wird mein Traum heute wahr!“, denke ich beim Aufstehen. Wir spielen am Nachmittag gegen den zweitgrößten Verein der Stadt.

Mama und Papa fahren mich
nach München.
Ich bin nervös.
Ich will heute unbedingt spielen.

Doch ich sitze
wieder nur draußen.
So ein Mist.
Ich bin wahnsinnig enttäuscht.
Ich habe doch so gut trainiert.
Und trotzdem bin ich
wieder nur Ersatzspieler.

Die Tribüne ist voll.
Es ist unglaublich laut.
Unser Gegner trägt
blau-weiße Trikots
und spielt richtig gut.
Zur Halbzeitpause
liegen wir 0:1 zurück.
„Thomas, lauf dich warm“,
sagt mir unser Trainer plötzlich.
„Du kommst gleich rein.
Diese Chance hast du dir verdient.
Gib alles!“

Endlich!
Mein Freund Martin hatte recht:
Jeder bekommt seine Chance.
Man muss nur geduldig sein
und darf nicht aufgeben.

In Pähl haben wir immer
auf Kleinfeld gespielt.
Die Saison vor meinem Wechsel
war die letzte in der E-Jugend.
Jetzt in der U12 spielen wir
zum ersten Mal auf Großfeld.
Der Kunstrasenplatz
kommt mir riesig vor.

Unser Trainer stellt mich
im halbrechten Mittelfeld auf.
Ich will zeigen,
dass er sich auf mich verlassen kann.
Und die Mannschaft auch.
Ich schnüre meine Schuhe noch fester.
Jetzt zählt es!

Martin haut einen
langen Abschlag nach vorn.
Ich nehme den Ball mit der Brust an
und lasse zwei Gegenspieler
aussteigen.

Dann stehe ich frei vor dem Tor.
Ich hole aus und will schießen.
Doch in letzter Sekunde sehe ich,
dass unser Stürmer Benny
perfekt in den Strafraum läuft.
Er winkt mir zu.

Ich passe ihm in den Lauf.
Benny schießt volley
in die lange Ecke.
Tor! 1:1!
„Cooler Pass! Danke“,
sagt Benny zu mir.
Wir klatschen ab.

„Super, Thomas! Noch zehn Minuten.
Spielt weiter nach vorn!“,
ruft unser Trainer
an der Seitenlinie.
Er rudert wild mit den Armen
und gibt uns Anweisungen.
Die Zuschauer auf der Tribüne
feuern uns an.

Ich grätsche meinem Gegenspieler auf der rechten Seite den Ball ab. Und renne los.

Mit einer Körpertäuschung lasse ich einen Blau-Weißen aussteigen. Den zweiten Verteidiger tunnele ich. Dann spiele ich Doppelpass mit Benny. Ich nehme den Kopf hoch.

Der Torwart steht etwas weit
vor seinem Tor, finde ich.
Ein Verteidiger sprintet auf mich zu.
Ich muss mich jetzt
ganz schnell entscheiden –
weiter dribbeln oder schießen?
Für einen flachen Schuss
ist der Winkel zu spitz.

Ich lupfe den Ball.
Und schaue ihm hinterher.
Alles kommt mir vor wie in Zeitlupe.
Geht der rein?

Der Torwart der Blau-Weißen
fliegt durch die Luft
und streckt seinen Arm aus.
Aber er kommt nicht ran.
Mein Lupfer landet
im Netz. 2:1!

Kurz danach
pustet der Schiedsrichter
in seine Pfeife. Schluss!
Alle aus meiner Mannschaft
springen vor Freude auf mich drauf.
Wir liegen auf dem Rasen
und freuen uns über den Sieg.

Und in den nächsten Spielen
bin ich immer in der Startelf.

ENDE

MEINE ERSTE MEISTERSCHAFT

1. Heute geht es um alles!

Was für eine Saison!
Ich habe es in die Profi-Mannschaft
meines Traumvereins geschafft.

Unser Trainer lässt mich
fast immer spielen.
Ich schieße viele Tore.
Und bereite mit Pässen die
Treffer meiner Teamkameraden vor.

Am Anfang der Saison
haben wir nicht gewonnen.
Inzwischen sind ein paar Monate vergangen.
Jetzt spielen wir richtig gut.
Wir sind ein super Team.

Unser Ziel:
die Meisterschaft gewinnen!
Das ist schwierig.

In der Tabelle sind wir Erster.
Für einen Sieg gibt es drei Punkte.
Wer nach 34 Spielen vorn ist,
bekommt die Meisterschale.

Eine andere Mannschaft
hat genauso viele Punkte wie wir.
Es sind die Blau-Weißen.
Sie lassen sich nicht abschütteln.

Jetzt sind es nur noch zwei Spiele.
Dann ist die Saison zu Ende.
Wow, ist das spannend!

2. Das entscheidende Spiel beginnt

Endlich Samstag.
Endlich Fußball spielen.
Die ganze Woche habe ich mich
auf den Anpfiff gefreut.
Und im Training geschwitzt.
Doch ich bin auch aufgeregt.
Es geht um alles.

Wir spielen in unserem Stadion
in München.
Jeder Platz auf der Tribüne ist besetzt.
Alle wollen uns zusehen.

Anpfiff.
Unser Gegner verteidigt gut.
Wir müssen uns sehr anstrengen.

Fast die Hälfte der ersten Halbzeit
ist schon rum.
Und wir haben
noch kein Tor geschossen.

Mein Mitspieler Philipp
dribbelt sich von hinten durch.
Er kommt über die rechte Seite.
Und schlägt eine Flanke.

Ich lauere am Fünfmeterraum.
Der Ball fliegt auf mich zu.
Für meine Füße kommt er zu hoch,
für meinen Kopf zu flach.
Was mache ich jetzt?

Zum Nachdenken ist kaum Zeit.
Ich muss mich ganz schnell
entscheiden.

Also mache ich meine Brust so breit es geht.
Ich spanne alle Muskeln an und werfe mich in den Ball.

Er prallt von mir ab.
Und fliegt ins Tor.
1:0. Juhu!

Meine Mitspieler umarmen mich.
Wir klatschen ab.

Nur zwei Minuten später
fliegt der Ball wieder
in den Strafraum.
Jetzt kommt die Flanke
von meinem Freund Franck.
Er ist ein super Offensivspieler.

Wieder kann ich
meinen Gegenspieler abschütteln.
Diesmal kommt der Ball höher
auf mich zu.

Ich springe ab.
So hoch ich kann.
Und köpfe in die rechte Ecke
des Tores.
2:0 für uns! Wir jubeln.
Aber reicht das für die Meisterschaft?

3. Jetzt bloß nicht nachlassen!

In der zweiten Halbzeit
blicke ich auf die Videowand.
Immer wieder.
Sie hängt am Stadiondach.
Und ist riesig.

Auf ihr stehen die Ergebnisse
aus den anderen Stadien.
Ich bin gespannt.
Bei den Blau-Weißen tut sich nichts.
Dort steht es immer noch 0:0.

Dann passiert es:
In unserem Stadion wird es unruhig.
Ich höre, wie die Fans jubeln.
Auch auf unserer Ersatzbank lächeln alle.
Und klatschen.
Dabei haben wir gar kein Tor geschossen.

Ich schaue auf die Videowand.
Dann sehe ich es auch.

Die Blau-Weißen liegen 0:1 hinten!
Obwohl sie in ihrem Stadion spielen.
Das ist eine Überraschung.
Falls sie nicht mehr aufholen können
und verlieren, sind wir Meister.

Aber so weit ist es noch lange nicht.
Darauf dürfen wir uns nicht verlassen.
Jetzt bloß nicht nachlassen!
Es kann noch alles passieren.

Im Fußball habe ich gelernt:
Man darf sich nie zu sicher sein.
Und sich nie zu früh freuen.
Mein Freund Holger ist Verteidiger.
Er spielt super.
Holger grätscht seinem Gegenspieler
den Ball weg
und passt ihn nach vorn.

Holger und ich haben schon in der Jugend für unseren Traumverein gespielt.
Und uns ein Zimmer geteilt,
wenn wir mit der Amateur-Mannschaft unterwegs waren.
Bei den Essen mit dem Profiteam sitzen wir immer an einem Tisch.

Jetzt dauert unser Spiel
nur noch eine halbe Stunde.
Ich blicke wieder hoch zur Videowand.
Die Blau-Weißen liegen nun schon 0:2
zurück.

Super!, denke ich mir.
Damit hat keiner gerechnet.
Unsere Fans jubeln wieder.

Mir schießt nur ein Gedanke
durch den Kopf:
„Bitte, bitte, lass die Blau-Weißen
nicht noch aufholen!“

Wir müssen konzentriert bleiben.
In der Saison davor
sind wir Zweiter
in der Tabelle geworden.
Diesmal wollen wir unbedingt Platz eins!
Und der ist jetzt ganz nahe.

Unser Gegner will natürlich
auch ein Tor schießen.
Wir verteidigen.
Und spielen schnell nach vorn.

Am Strafraum bekomme ich
den Ball zugespielt.
Ich schlage einen Haken.
Und renne, so schnell ich kann.

An drei Gegenspielern
dribbele ich vorbei.
Ich nehme den Kopf hoch.
Denn ich will schauen,
wo ich am besten hinziele.

Ich denke: Linke Ecke!
Ich hole aus und schieße.
Der Torwart wirft sich in die rechte
Ecke.
Tor! 3:0.

Drei Tore in einem Spiel
nennt man im Fußball Hattrick.
Wow, das habe ich in der Bundesliga
noch nie geschafft!
In dieser Saison komme ich jetzt
schon auf 13 Treffer.

Kurz vor dem Ende des Spiels
wechselt der Trainer mich aus.
Nicht, weil ich schlecht gespielt habe.
Im Gegenteil: Ich war gut.
Er macht das,
damit die Fans mir
beim Runterlaufen zujubeln können.

Als ich zur Seitenlinie laufe,
stehen die Zuschauer von ihren
Plätzen auf und klatschen.
Ich strahle über das ganze Gesicht.

Unser Gegner schießt
kurz vor dem Schlusspfiff noch ein Tor.
Das macht nichts.
Die drei Punkte
sind uns nicht mehr zu nehmen.
Der Schiedsrichter pfeift ab.
Wir haben 3:1 gewonnen.
Und die Blau-Weißen haben 0:2
verloren.

„Wir sind Meister!“, rufe ich glücklich.
Dann renne ich von der Ersatzbank
auf den Rasen.
Alle freuen sich:
meine Mitspieler, die Fans,
unsere Trainer.
Wir sind ein Team.

4. Rauf auf den Zaun

Unser Zeugwart
rennt auch auf den Rasen.
Er hat T-Shirts vorbereitet.
Darauf steht: „Deutscher Meister“.
Wir ziehen sie über unsere Trikots.

Dann fassen wir uns
an den Schultern.
Wir drehen eine Ehrenrunde
durch das Stadion.
Ich gehe vorneweg.
Die Zuschauer winken uns zu.

Ich bin stolz,
dass wir sie so glücklich
machen können.
Sie haben uns super angefeuert.
Als Kind war ich
selbst Fan meines Klubs.

Jetzt jubeln mir alle zu
wie ich früher den Spielern.

Die Fans rufen meinen Namen:
„Thomas Müller!“
Sie strahlen, weil sie sich so
über die Meisterschaft freuen.
Und darüber, dass ich es
aus den Jugendmannschaften
unseres Vereins
bis hierhin geschafft habe.
Das fühlt sich super an.

Jetzt wollen unsere Fans
mit mir feiern.
Im Trainingsanzug gehe ich zu ihnen.
Wir singen gemeinsam:
„Oh, wie ist das schön.
Oh, wie ist das schön …!“

Mein Freund Holger
klopft mir auf die Schulter.
Auch für ihn ist es
die erste Meisterschaft.
„Ich habe dir doch gesagt, dass du
heute Tore schießen wirst“, sagt er.
Wir lachen.

Dann gehen wir in die Kabine.
Dort springen und tanzen wir
mit den anderen Spielern.
Auf dem Weg aus dem Stadion
fragt mich ein Reporter:
„Ist das der schönste Fußball-Tag
deines Lebens?“
Meine Antwort: „Ja!“

Bevor ich nach Hause fahre,
umarme ich meine Frau Lisa.
Sie hat auf der Tribüne mitgefiebert.
Und ist sehr stolz auf mich.

5. Mit dem Auto durch die Stadt

Eine Woche nach dem Spiel
gibt es die große Meisterfeier.
Wir werden in Autos
durch unsere Stadt gefahren.
Das sind richtig tolle Cabrios.
Alle jubeln uns zu.
Ganz München feiert uns.

Wir Spieler haben uns bayerische
Lederhosen angezogen.
Ich sitze neben
unserem Verteidiger Philipp
und unserem Torwart Hans-Jörg.

Wir fahren bis zum Rathaus.
Dort geht es auf den Balkon.
Da darf sonst niemand rauf,
der nicht im Rathaus arbeitet.
Das ist eine große Ehre für uns.
Unten jubeln uns tausende Fans zu.
Ich bekomme Gänsehaut.

Da ist die Meisterschale!
Sie ist silbern.
Ich halte sie hoch.
Mann, ist die schwer!
Und wie die glänzt …
So fühlt es sich also an,
Meister zu sein.
Ich bin glücklich.

Jemand drückt mir
ein Mikrofon in die Hand.
Ich singe mit den Fans.
Das macht mega Spaß.

Früher habe ich
meine Fußball-Vorbilder
im Fernsehen hier stehen sehen.
Jetzt bin ich selbst hier.
Mein Traum ist wahr geworden.

6. Ein Fußball auf dem Kopf

Unser Außenstürmer Arjen
hat sich etwas einfallen lassen.
Er trägt einen aufgeschlitzten Fußball
auf dem Kopf.
Wie eine Mütze.
Das sieht richtig lustig aus.

Wir alle machen Quatsch,
weil wir uns so freuen.
Neben mir steht unser Trainer.
Er tanzt mit dem Bürgermeister.
Alle lachen.

Dann gehe ich zu ihm.
„Danke, Trainer."
Er hat mir
die ganze Saison vertraut.
Obwohl ich einer der Jüngsten
in der Mannschaft bin.

Wir Spieler und er klatschen ab.
Diese Meisterschaft
haben wir im Team gewonnen.
Gemeinsam haben wir
unser Ziel erreicht.
Weil wir uns gegenseitig geholfen
haben.

Auch meine Eltern und mein Bruder
Simon haben mir sehr geholfen.
Denn sie haben immer
an mich geglaubt.
Mit ihnen und Lisa gehen wir lecker
in einem Restaurant essen.
Ich lade alle ein.
Damit möchte ich mich
für ihre tolle Unterstützung
in den letzten Jahren bedanken.

Meine erste Meisterschaft ist etwas ganz Besonderes.

ENDE

MEINE TIPPS FÜR EUREN FUßBALLTRAUM

Ich hoffe, ihr hattet Spaß
beim Lesen meiner Geschichten!
Viele von euch träumen sicherlich
ihren eigenen großen Fußballtraum.

Ich denke, dass es nicht
den einen Weg gibt,
um im Fußball erfolgreich zu sein.
Doch ich habe ein paar Tipps
für diejenigen unter euch,
die davon träumen und das Ziel haben,
eines Tages Profifußballer zu sein.

Noch mehr Tipps und spannende Fußballabenteuer gibt es in meinem Buch „Mein Weg zum Fußballprofi" (mit coolen Fotos!).

- Hab immer Spaß am Fußball.
  Gib alles,
  sei ruhig richtig ehrgeizig.
  Aber mach dir nicht zu viel Druck.
  Lass nicht zu,
  dass du zu verbissen wirst.

- Sieh den Fußball nicht als
  Geschäft oder Karriere an.
  Wenn alles perfekt läuft,
  kann es für dich
  aber irgendwann dazu werden.

  Bis dahin sollte deine Liebe
  zum Sport immer
  dein Antrieb sein.
  Nie vergessen:
  Fußball ist ein Spiel.

Und zwar das schönste
auf dieser Welt!

⚽ Sorge dafür, dass du immer
einen Plan B hast!
Ins Profigeschäft schaffen es
nur ganz wenige.
Es ist ein sehr steiniger Weg.
Auch für diejenigen,
die in ihrer Altersgruppe
die Besten sind.

Mir lag immer sehr viel daran,
die Schule zu Ende zu bringen.
Und das Abitur zu machen.
Mein Weg hätte auch
anders verlaufen können.

Bei jedem Spieler können
zum Beispiel Verletzungen
dazu führen,
dass es im Sport nicht mehr
weitergeht.

Sei nicht ängstlich, doch sei dir
dessen immer bewusst.
Das Fußball-Glück ist zerbrechlich.

⚽ Behalte immer deine
Mitmenschen im Auge.
Deine eigenen Ziele
sind dir wichtig.
Und das ist völlig in Ordnung.
Doch vergiss dabei nie
diejenigen um dich herum.

Ihr seid ein Team – achtet
aufeinander!
Mitgefühl haben und Herz zeigen –
das ist für mich wichtiger
als das eine oder andere Tor
auf dem Spielfeld.

⚽ Bleib immer mit beiden Beinen
auf dem Boden.
Beim Kopfball und Torjubel
darfst du natürlich so
hoch springen, wie du willst. ☺
Das mache ich ja auch gern.

Doch außerhalb des Rasens
solltest du nie zu hoch fliegen.
Egal, wie gut es gerade
bei dir läuft.

Egal, ob du Torschützenkönig
deiner Liga bist
oder gerade zum größten und
besten Verein deiner Region
gewechselt bist.

Bescheidenheit hat
noch keinem geschadet.
Arbeite stets weiter
an deinen Fähigkeiten.
Auch nach Erfolgen,
auch nach Titelgewinnen.
Nimm dich und deinen Sport ernst.
Aber nimm dich nie zu wichtig.

⚽ Hab immer Respekt
vor dem Gegner.
Gerade wenn er mal

schwächer sein sollte als du
und deine Mannschaft.
Mach dich nicht lustig,
bleib sportlich.

⚽ Ausgleich ist wichtig!
Ich kann mir gut vorstellen,
dass sich bei dir ganz viel
um Fußball dreht.
Das ist auch gut so.
Man muss da seine ganze Energie
reinstecken, um weit zu kommen.

Allerdings sind Auszeiten wichtig.
Zeiten, in denen du mal nicht
an Fußball denkst
und nicht gegen den Ball trittst.
Schaff dir einen Ausgleich.

Bei mir war das früher Tennis.
In meiner Jugend habe ich dabei
richtig gut den Kopf frei bekommen.
Mal andere Bewegungen
zu machen, ist auch gut
für unsere Koordination.

Also, genieße deine Hobbys!
Und triff dich auch mit Personen
abseits des Fußballs.

⚽ Nimm dir ein Vorbild.
Welcher Spieler begeistert dich?
Bei wem steht dein Mund vor
Staunen offen,
wenn du ihn am Ball siehst?

Du gehst deinen eigenen Weg
und sollst niemanden kopieren.
Doch es ist gut,
sich ab und zu an einem
gestandenen Spieler zu orientieren.
Wer auch immer dein Vorbild ist –
du kannst dir ganz sicher
etwas von ihm abschauen.

- Vertraue immer auf deine
Stärken, und baue sie aus.
Doch vergiss dabei nicht,
an deinen Schwächen zu arbeiten.

- Sei offen für Neues.
Hast du schon mal Yoga
ausprobiert?
Mir hat es gefallen.

Es hilft dabei,
beweglicher zu werden
und die Atmung zu kontrollieren.

Auch Beachvolleyball
und Tischtennis
machen total Spaß.
Manchmal spreche ich mit tollen
Köchen und anderen Profis.
Ich höre dann immer
sehr aufmerksam zu
und stelle viele Fragen.

Probiere einfach aus,
was dir Spaß macht.
Dein Körper wird dir
dann ganz schnell zeigen,
was ihm guttut.

Du solltest dir immer
selbst ein Bild machen
und dich ausprobieren.

Lass dich von deinem inneren
Schweinehund nicht unterkriegen!
Natürlich gibt es auch bei
uns Profisportlern ab und zu Dinge,
die schwierig für uns sind.
Bei denen man Ängste
und Zweifel hat.

Mir hilft dann immer der Gedanke
an das Gefühl, zu gewinnen.
Mit der Mannschaft.
Oder auch mal im Kampf
mit sich selbst.
Das fühlt sich so gut an!

Wenn du dann zum Training
gegangen bist
oder für dich trainiert hast,
wirst du dich sicher
viel besser fühlen.

Genieße deine Erfolge.
Sei ruhig einfach mal stolz auf das,
was du erreicht hast.
Das kann ein Titelgewinn sein,
aber auch ein gutes Spiel
oder eine tolle Trainingswoche.

Ich finde es wichtig,
dass man die Erfolge
mit seiner Familie und
Freunden genießt.

Zum Beispiel bei einem
gemeinsamen Essen.

Tut man das nicht,
rast alles an einem vorbei.
Und du übersiehst schnell,
welche Fortschritte
du gemacht hast.

Außerdem gibt es nichts
Besseres für deine Motivation,
als Fortschritte zu machen!
Belohnungen oder Geschenke
sind nicht so mein Ding.
Denn nach dem Sport
zusammenzusitzen
und über das Spiel zu sprechen,
gibt einem viel mehr.

Kinderbücher von Thomas Müller bei Oetinger

Mein Weg zum Traumverein
Mein Weg in die Startelf
Meine erste Meisterschaft
Mein Weg zum Fußballprofi

MIX
Papier | Fördert gute Waldnutzung
FSC® C002795
www.fsc.org

Originalausgabe
1. Auflage

Die Einzelbände sind erstmals in der Reihe „Lesestarter“ unter den Titeln „Mein Weg zum Traumverein“ (2018), „Mein Weg in die Startelf“ (2019) und „Meine erste Meisterschaft“ (2023) im Verlag Friedrich Oetinger GmbH, Hamburg, erschienen. Die Tipps sind dem Kinderbuch „Mein Weg zum Fußballprofi“, erschienen 2020 im Verlag Friedrich Oetinger GmbH, Hamburg, entnommen und sprachlich überarbeitet worden.
Druck und Bindung: Livonia Print SIA,
Jūrkalnes iela 15/25, LV-1046 Riga, Lettland
Printed 2024
ISBN 978-3-7512-0467-5
www.oetinger.de